Am Strand von Tansania 2

Die abenteuerliche Reise in die Antarktis

Renate Friedrich-THE Kinderbuch

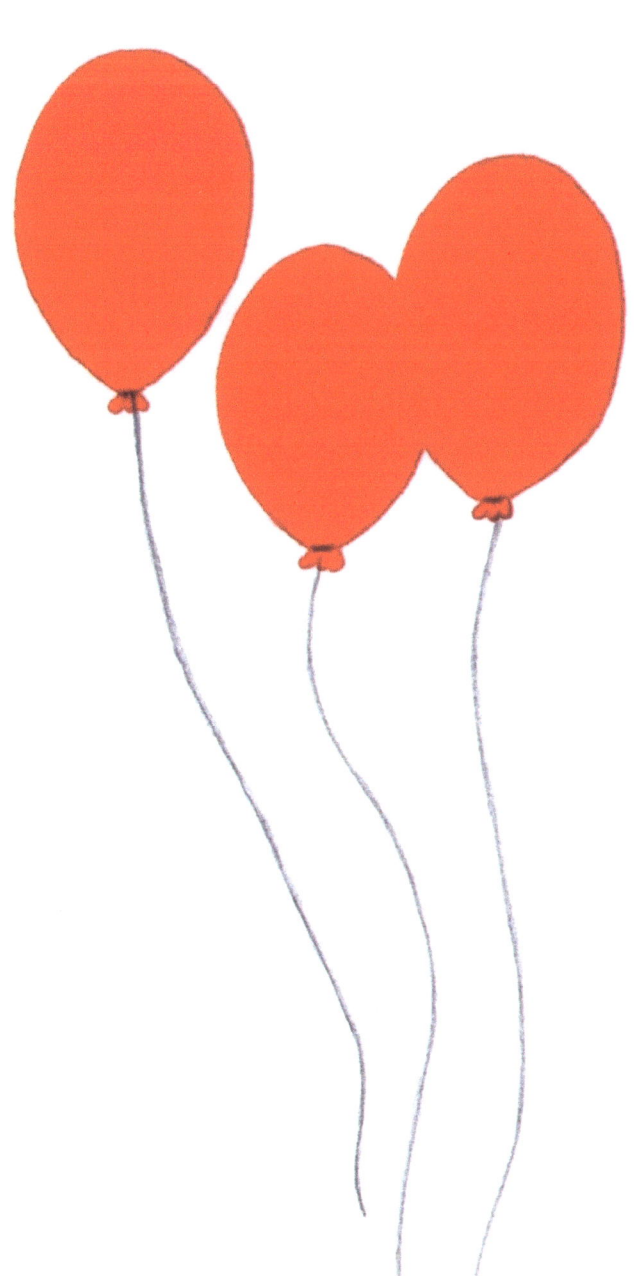

We are kids

© 2024 Renate Friedrich
Autorin: Renate Friedrich
Illustrationen: Renate Friedrich
Umschlaggestaltung: Renate Friedrich
Alle Bilder von Hand gezeichnet und gemalt von Renate Friedrich
Druck und Vertrieb im Auftrag der Autorin: Buchschmiede von Dataform Media GmbH, Wien
www.buchschmiede.at - Folge deinem Buchgefühl!

Besuche uns online

ISBN: 978-3-99165-557-2

Name: _____

Datum:_____

Bekommen von:

_____

Hallo liebe Kids! Ich bin Luma, die Maus von Tansania. Das ist die zweite Geschichte. Wenn ihr die erste gelesen habt, dann kennt ihr uns schon. Ihr wisst, warum M-papee in einer Flasche lebt. Falls ihr die Geschichte nicht kennt, erzähle ich sie euch kurz.

Ich habe M-papee am Strand kennengelernt. Er war in eine Pfütze geflüchtet, als der Mond das Meer wegzog. Bei dieser Pfütze haben wir uns dann immer getroffen, aber das Seepferdchen wollte ihm das verbieten. Es war sehr böse zu ihm und M-papee hatte Angst.

Ich habe die Flasche im Meer schwimmend entdeckt. Da hatte ich eine tolle Idee. So habe ich dann mithilfe meiner Freunde das neue Zuhause für M-papee ge-schaffen.

Wir waren sehr glücklich!

Luma ging mit Kasimir zum Meer hinunter. Sie holten Wasser für M-papee. Er brauchte immer wieder frisches Meerwasser in seiner Flasche. Kasimir konnte mit seinem Rüssel das Wasser aufsaugen und in die Flasche füllen. Die Elefantenmama Ima und ihr Sohn Kasimir kamen alle paar Tage hierher, um M-papee das Wasser zu bringen.

Als Luma und Kasimir, mit seinem vollgefüllten Rüssel, zu M-pappe zurückkehrten, war er weg. Die Flasche mit M-papee war verschwunden.

Luma schaute sich um, ob sie sich geirrt hatten und am falschen Platz waren. Aber nein, das ist ihr Strauch. Und da ist auch noch zu sehen, wo die Flasche lag.

Beide waren sprachlos. „Was ist denn da passiert, wo ist M-papee?!", rief Luma entsetzt.

5

Sie schauten sich um. Da sah Kasimir einen Jungen, in roter Hose, davonlaufen. Gerade noch, bevor er um die Kurve verschwand, sah er die Flasche in seiner Hand. „Dort hinten ist er", rief Kasimir aufgeregt. „Ich habe ihn gesehen, der Junge hat sie mitgenommen."

Fallou und Taja, das Schlangenpärchen, waren gerade auf ihrem Morgenspaziergang. Sie hörten Lumas Schreie und eilten schnell zu ihr.

„Hilfe, bitte helft mir", rief Luma verzweifelt.

„Was ist los, Luma?", fragten sie aufgeregt. Luma begann zu weinen. Kasimir erzählte ihnen schnell, was passiert war. Auch Ima, die Elefantenmama kam gelaufen. Sie hatte den Jungen in der roten Hose auch gesehen. Schnell machten sie sich hinterher. Sie liefen in die Richtung, in der der Junge verschwunden war.

Es ging ziemlich weit den Strand entlang, bis in den Hafen.

Dort lag ein riesengroßes Schiff. Im allerletzten Augenblick sah Kasimir den Jungen in den Bauch des Schiffes verschwinden.

Fassungslos blieben sie stehen. „Was machen wir jetzt?", rief Luma atemlos. „Wir müssen M-papee retten, irgendwie müssen wir in das riesige Schiff kommen."

Neben dem Schiff standen ein paar Kisten mit Obst und Gemüse, die an Bord gebracht werden müssen.

Luma, Fallou und Taja versteckten sich schnell in einer Kiste voller Bananen. Aber die Elefanten standen so riesengroß da. „Wir können uns nie im Leben auf das Schiff schmuggeln", sagte Ima verzweifelt. Ratlos sahen sie zu, wie die Matrosen die Kiste mit den Bananen an Bord brachten. Jetzt waren auch Luma, Fallou und Taja weg.

Sie waren sehr betrübt und machten sich große Sorgen um ihre Freunde. Da hörten sie, wie ein Mann in weißer Uniform zu einem anderen Mann sagte: „Ah, die Elefanten sind schon da. Sven, bring sie gleich an Bord, dann können wir abfahren."
Der Matrose ging zu den Elefanten und holte sie ab.

Ima und Kasimir, völlig überrascht und für sie unerklärlich, warum man sie auf das Schiff holte, trotteten hinter dem Matrosen und einer köstlichen Karotte hinterher.

Ima flüsterte zu Kasimir: „Ich verstehe das jetzt nicht, aber Hauptsache, wir sind bei Luma, Fallou und Taja und können M-papee retten."

Sie wurden in einen mit Stroh und einer Futterkrippe ausgestatteten Raum gebracht. Im Vorbeigehen sah Ima in einem anderen Raum die Kisten mit Obst und Gemüse stehen. „Da müssten die anderen sein", flüsterte sie Kasimir zu.

Luma, die alles beobachtet hatte, schlich in den Raum zu den Elefanten. Fallou und Taja versteckten sich ganz unten in einer der Kisten. Sie verhielten sich sehr leise, als der Matrose kam, um die Kisten zu kontrollieren.

„Ima und Kasimir, Gott sei Dank seid ihr da", flüsterte Luma.

„M-papee braucht bald frisches Wasser, sonst wird er krank. Wir müssen ihn suchen. Aber hier sind so viele Menschen. Ihr seid zu groß und die Schlangen zu auffällig. Ich schaue mich mal bei den Menschen um. Die Schlangen suchen hier unten, im Bauch des Schiffes, nach ihm. Ihr könnt nicht mithelfen, aber ich bin so froh, dass ihr da seid!"

Plötzlich war ein lauter Ton zu hören und das Schiff begann zu ruckeln. Die Elefanten schauten aus den runden Fenstern und sahen, wie sich das Schiff vom Hafen entfernte.

Da kam mit lautem Gehupe und quietschenden Bremsen ein winzig kleiner gelber Lieferwagen zum Anlegeplatz. Ein Mann, im rotkarierten Hemd mit Schlapperhut, sprang aus dem Auto. Er sprang wütend in die Luft, schimpfte lautstark und fuchtelte mit den Armen. „Halt! Halt an Kapitän! Kommt zurück! Ihr habt die Elefanten vergessen! Halt! Stopp! Stooooopp!

Am Anhänger des kleinen Lieferwagens standen zwei Elefanten.

Der Bauer wollte sie für viel Geld dem Kapitän leihen. Sie sollten am Abend im Zirkus die Passagiere mit ihren Kunststücken begeistern.

Doch keiner hörte die Rufe. Das Schiff war schon zu weit entfernt. „Wahnsinn", jammerte der Bauer. „Die ganze weite Anreise umsonst! Wie dumm sind die, dass sie die Elefanten vergessen!"

Nicht ahnend, dass die falschen Elefanten an Bord waren, die keine Ahnung von Zirkus und Kunststücken hatten.

Luma duckte sich am Gang herum, von einer Tür zur anderen. Sobald sich eine Tür öffnete, huschte sie hinein. Zwischen den Füßen der Menschen. So geschickt, dass keiner sie bemerkte.

Überall suchte sie nach M-papee. Unter den Betten, im Schrank, im Kühlschrank und in der Dusche.

Eine Kabine nach der anderen durchstöberte sie, aber nirgendwo fand sie die Flasche mit M-papee.

Auch nirgendwo die rote Hose des kleinen Jungen. Viele Menschen gingen hin und her, aber niemand entdeckte die schlaue Luma.

Fallou und Taja suchten inzwischen im Lagerraum. Sie durchstöberten eine Kiste nach der anderen. Überall suchten sie, zwischen Bananen, Orangen und Kokosnüssen.

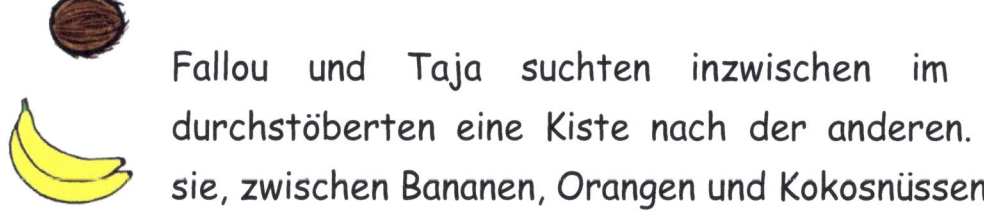

Unter Karotten und Salat. Hinter Äpfeln, Ananas und Weintrauben. Neben Packungen von Reis und Nudeln. „Wo hatte der kleine Junge, in der roten Hose, M-papee versteckt?", fragten sie sich.

10 Als es draußen dunkel wurde, kam ein Matrose die Elefanten holen. Kasimir hatte Angst. „Wo bringt der uns hin?", fragte er Ima. Nervös folgte er seiner Mama. Ima versuchte, Kasimir zu beruhigen, auch wenn sie selber überhaupt keine Ahnung hatte, was auf sie zukam. Sie trotteten hinter dem Matrosen her. Diesmal hatte er keine Karotte dabei. Ima war enttäuscht.

Es ging einen langen Gang entlang, über eine breite Treppe und durch einen Vorhang.

Plötzlich standen sie auf einer Bühne in hellem Licht.

Viele Gesichter sahen sie erwartungsvoll an. Ein Mann im Anzug, mit Hut und Stock, sah sie stolz an. Er stellte Ima und Kasimir den Menschen vor, die erfreut in die Hände klatschten.

Kasimir war fassungslos, sehr aufgeregt und hatte Angst.

Ima flüsterte ihm zu: „Beruhige dich, Kasimir, jetzt weiß ich, was sie von uns wollen. Das muss der Zirkus sein, von dem mir dein

Papa erzählt hatte. Er hatte einmal in einem Zirkus gearbeitet, bevor er nach Tansania kam. Er hat mir gezeigt, welche Kunststücke er machen musste."„Ich probiere das einfach. Mach mir alles nach. Wir schaffen das schon."

Der Zirkusdirekter gab Anweisungen und Ima stellte sich auf die Hinterbeine. Dann setzte sie sich auf einen Hocker und streckte den Rüssel hoch in die Luft. Kasimir versteckte sich hinter Ima und versuchte, es ihr einigermaßen nachzumachen. Den Rüssel brachte er nicht in die Höhe, er war so furchtbar aufgeregt. Da fing es in seinem Bauch zu grummeln an. Es grummelte und grummelte.
Der Zirkusdirektor schien zufrieden zu sein und verbeugte sich vor dem Publikum.

Dann musste sich Ima auf die Vorderbeine stellen und den Popo in die Luft strecken. Kasimir wollte das gerade nachmachen, als ihm ein lauter Pups entkam. Dann grummelte es noch mehr.

Ima sah zu den Menschen hinunter und, oh Gott, da sah sie in der ersten Reihe, in der Mitte, den Jungen mit M-papee in seinen Armen. Beinahe wäre sie umgekippt. In dem Moment sah M-papee zu ihr hinauf. Sie sahen sich in die Augen. Ungläubig starrte er sie an. „Das kann ja gar nicht sein", dachte M-papee. Da zwinkerte Ima ihm zu und da wusste er, das war sie, seine Freundin Ima. Und dahinter sein Freund Kasimir. Kasimir versuchte weiter, sich auf die Vorderbeine zu stellen.

Da plötzlich passierte es.

12

Es ging Platsch und ein furchtbar stinkendes, riesengroßes, braunes Häufchen landete unter seinem Popo auf der Bühne.
Dazu trötete Ima, so laut sie konnte, in furchtbar schrillen Tönen.

Die Menschen sprangen auf und schrien. Sie hielten sich Nase und Ohren zu. Alle wollten bloß raus aus dem Theater. Ältere Damen mit Hüten und schön gekleidete Herren, alle drängten zum Ausgang.
Die Mama des kleinen Jungen zerrte ihn vom Sessel hoch und zog ihn davon. Vor Schreck ließ er die Flasche fallen.

Ima, die M-papee nicht aus den Augen ließ, nutzte die Gelegenheit. Sie schnellte ihren Rüssel so weit sie konnte von der Bühne nach unten und versuchte, die Flasche zu schnappen.
Diese schaukelte hin und her und wirbelte M-papee durcheinander.

Endlich gelang es Ima, die Flasche zu erwischen. Schnell hob sie sie hoch und versteckte sie in ihrem Maul.

Der Zirkusdirektor war schockiert. Die Haare standen ihm zu Berge und Schweißperlen auf seiner Stirn. Diese dummen Elefanten zerstörten seinen Auftritt. „Die kommen doch aus einem Zirkus. Das darf doch nicht passieren", schimpfte er laut. Er war fassungslos. So eine Schande.

Schnell brachte der Matrose die beiden Elefanten in ihr Lager nach unten.

Der Kapitän, hochrot im Gesicht, rannte in das Theater. Er schimpfte mit dem Zirkusdirektor. „Sag mal, bist du verrückt?! Was hast du nur für Elefanten bestellt? Die können ja nichts. So ein peinlicher Auftritt! Jetzt kannst du dir etwas einfallen lassen, wie du die Passagiere unterhältst. Den Papagei hast du ja noch." Dann stürmte er hinaus.

Luma saß die ganze Zeit versteckt in einer Ecke und hatte alles beobachtet. Sie musste lachen und weinen zugleich. Sie hatten M-papee gefunden. Und dank Kasimir konnte Ima ihn retten. Er war in Sicherheit, in Imas Maul. Auch wenn sie aussah wie ein Hamster mit der dicken Wange.
Das bemerkte keiner. Doch die Elefanten waren nicht mehr beliebt.

Luma huschte den langen Gang und die Treppen hinunter in das Lager zu Fallou und Taja. Sie schlüpfte zu ihnen in die Bananenkiste und erzählte ihnen, was passiert war. Fallou und Taja waren schon so gespannt zu hören, was dort oben los war. Erleichtert und voller Freude, dass sie M-papee gefunden hatten, umarmten sie Luma.

Ein paar Minuten später hörten sie die Elefanten kommen. Der Matrose, der sie brachte, lachte laut wegen des Häufchens von Kasimir. Er tätschelte seinen Popo und sagte: „Das hast du ganz toll gemacht, kleiner Elefant. Der Zirkusdirektor ist zu uns Matrosen nie freundlich. Auch zu seinen Tieren ist er nicht lieb. Endlich hat er sich einmal blamiert und der Kapitän hat mit ihm geschimpft. Danke euch, ihr lieben Elefanten." Er holte aus seiner Hosentasche zwei kleine Äpfelchen heraus und hielt jeden einen hin. Sie schnappten sich die Leckereien. Ach, war das gut. Kasimir schämte sich noch immer, aber Ima sagte:„Das hast du super gemacht. Ohne dein Häufchen hätten wir M-papee nie bekommen."

Sie öffnete ihr Maul und holte M-papee heraus. Gott sei Dank war noch genug Wasser darin. Schnell steckte Luma eine Karotte in die Öffnung der Flasche. So konnte kein Wasser mehr verloren gehen. M-papee war überglücklich. Er hatte gedacht, er würde keinen seiner Freunde jemals mehr wieder-sehen. Ima schielte zu der Karotte hinüber, am liebsten hätte sie sie vernascht.

Luma sagte: „Wir verstecken M-papee in unserer Kiste und dann warten wir erst mal ab."

„Besser wäre es, wenn wir uns bei den Elefanten im Stroh verstecken. So sind wir alle zusammen", meinten die Schlangen.

„Aber was ist, wenn sie uns wieder holen?", fragte Ima. „Wer weiß, was sie vorhaben. Am besten wäre es, ihr versteckt euch hinter unseren Ohren und M-papee nehme ich in den Mund. So können sie uns nicht trennen."

Damit waren alle einverstanden und nickten zustimmend.

Am gleichen Abend noch sagte der Kapitän zum Direktor: „Die Elefanten kommen weg. Die sind nicht zu gebrauchen. Im nächsten Hafen bringt der Matrose sie an Land. Und wenn so etwas nochmal passiert, kannst du auch aussteigen."

Viele Stunden später legte das Schiff in einem Hafen an.

Es war früh am Morgen, als der Matrose nach unten kam, um die Elefanten zu holen. Diesmal hatte er ihnen ein paar süße Weintrauben mitgebracht.

„Ich hoffe, ihr kommt gut zurecht, liebe Elefanten", flüsterte er ihnen zu. Er streichelte ihre Rüssel, dann brachte er sie vom Schiff hinaus. Nicht ahnend, dass da noch eine Maus, zwei Schlangen und ein Fisch mit waren.

Das Schiff legte wieder ab und die sechs Freunde standen im Morgengrauen im Hafen einer fremden Stadt.
Irgendwo in Afrika.
Vorerst waren sie erleichtert und glücklich. Sie hatten M-pappe gerettet und waren alle zusammen.

Dann sagte Luma: „Aber wo sind wir? Was sollen wir jetzt tun? Wo ist unser Zuhause? Wo unser Strand in Tansania? Wo?"
Sie sahen sich um. Auf einem Holzpfahl, der den Hafen abgrenzt, saß ein traurig aussehender bunter Papagei. Er beachtete sie aber nicht, so traurig war er.

Sie fanden eine Grasfläche gleich neben dem Hafen. Dort machten sie vorerst Rast. Die Aufregungen der letzten Tage hatte sie müde gemacht. Ima und Kasimir legten sich gemütlich hin. Luma, Fallou und Taja hinter ihren Ohren und M-papee zwischen Ima und Kasimir versteckt. Zufrieden schliefen sie ein.

Am Morgen kitzelte etwas den Rüssel von Ima. Sie blinzelte in die Sonne und suchte das Kitzeln. Grabsch, grabsch spürte sie es jetzt an ihren Ohren.

Da sah sie den Papagei, der gestern so traurig auf dem Holzpfahl gesessen war. Er sah sehr freundlich aus und lächelte sie an.
„Guten Morgen, ich bin Oni. Wer seid ihr?", fragte er neugierig.
„Ich habe euch gestern schon hier gesehen. Ihr seid aus dem großen Schiff gekommen. Was macht ihr hier, in meinem Land?

Habt ihr auf dem Schiff vielleicht einen bunten Vogel gesehen?
Der so aussieht wie ich?"

„Nein", bedauerte Ima. „Wir haben keinen so schönen Papagei
gesehen."
„Wo sind wir hier?", fragte sie ihn.
„Ihr seid in Südafrika, in Kapstadt, genauer gesagt.
Am südlichen Zipfel von Afrika. Seht ihr dort hinten diesen
komisch aussehenden Berg. Das ist der Tafelberg. Dort bin ich
zu Hause. Ich wohne dort oben."

„Immer wenn eines dieser großen Schiffe kommt, das sehe ich
von dort oben ganz genau, fliege ich hierher. Mein Bruder ist
eines Tages nicht nach Hause gekommen. Da war auch so ein
Schiff hier. Ich habe eine seiner Schwanzfedern im Meer
schwimmend gefunden. Cilli war sehr neugierig. Ich vermute, er
wollte sich das Schiff ansehen und konnte nicht mehr heraus.
Dann fuhr das Schiff davon. Ich vermisse ihn so sehr. Jeden Tag
komme ich herunter und hoffe, dass er mit einem Schiff
zurückkommt. Aber er kommt nie." Wieder wurde er sehr
traurig.

„Da habe ich euch aussteigen gesehen. Wieso seid ihr hier?"
Luma erzählte ihm die Geschichte vom verschwundenen M-papee und ihrer Suche nach ihm.

Oni hörte aufmerksam zu und bewunderte den Mut der Freunde. Er freute sich mit ihnen, dass sie wieder zusammen sind. Er fand die Freunde so lieb, dass er ihnen helfen wollte. „Ich zeige euch meinen Berg. Von dort sieht man sehr weit. Südafrika ist ein wunderschönes Land. Ganz in der Nähe gibt es einen Park. Dort leben auch Elefanten, Schlangen und Mäuse. Nur die Fische leben im Meer und nicht in einer Flasche."

Da die Gruppe sowieso nicht wusste, was sie tun sollten und sie den Papagei sehr nett fanden, stimmten sie zu. So marschierten sie einen mühsamen, steilen Weg hinauf auf den komisch aussehenden Berg. Es war sehr anstrengend, die Elefanten kamen ziemlich stark ins Schwitzen. Luma, Fallou, Taja und jetzt auch Oni saßen hinter den Ohren. Das war ihr Lieblingsplatz.

Vielleicht konnten sie von dort oben Tansania sehen. Dann wussten sie, in welche Richtung sie gehen mussten, um zu ihrem geliebten Strand zu kommen.

Endlich oben angekommen, hatten sie eine tolle Aussicht. Sie sahen viel Meer, viele Häuser, viele Boote und viele andere Berge. Von Tansania war aber überhaupt nichts zu sehen. So sehr sie sich auch anstrengten und die Augen zusammen kniffen. Weit und breit nur das fremde Land.

Da war aus der Ferne wieder ein ankommendes Schiff zu sehen. Oni wurde nervös und zappelig. „Ich muss schnell runter. Vielleicht kommt Cilli", plapperte er aufgeregt. Und weg war er. Segelte mit seinen schönen bunten Flügeln den Berg hinunter.

Die Gruppe hatte gehofft, von hier oben aus Tansania zu sehen. Wenigstens ein Stückchen davon. Jetzt waren sie enttäuscht.

So trotteten sie den steinigen Weg wieder hinunter zum Meer. Oni saß auf seinem Platz, wartend. Doch Cilli kam wieder nicht.

„Wir brauchen dringend Wasser für M-papee", sagte Luma. „Er ist schon ganz blass im Gesicht." Ima holte rasch einen Rüssel voll Meerwasser und füllte die Flasche nach. Sie überlegten, ob sie sich den Park, wo die Tiere wohnten, ansehen sollten. Begeistert waren sie nicht.

„Schauen wir uns lieber die Schiffe an", meinte Taja. „Da liegen doch einige im Hafen. Da könnte uns doch eines nach Hause bringen." „Aber welches?", fragte Kasimir und betrachtete die Schiffe. „Wir müssen uns wieder in den Bauch eines Schiffes schmuggeln", sagte Fallou. Da sah er Ima und Kasimir an, wie sie da so riesengroß vor den Schiffen standen. „Das kann mit euch beiden schwierig werden".

In der Nähe machte ein Forscherteam sein Schiff für die Abfahrt in die Antarktis fertig. Dort sollten sie das Leben der Tiere in dem Land aus Eis und Schnee erforschen.
Pat, der dunkelhäutige Forscher, entdeckte die Gruppe und beobachtete die Tiere. Sie schienen niemandem zu gehören und standen nur verloren und ratlos herum. So sagte er zu den anderen: „Luigi und Erik, schaut mal. Die Elefanten dort drüben. Die stehen ganz allein herum. Nehmen wir die doch mit. Es hat noch nie Elefanten am Südpol gegeben."

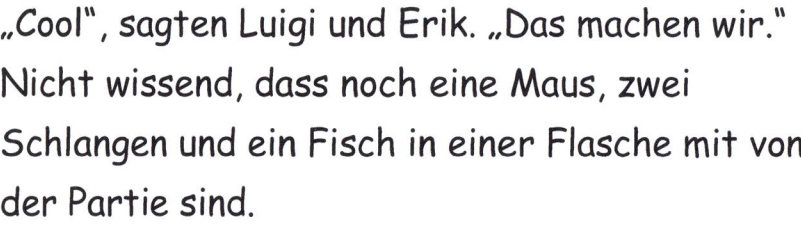

„Cool", sagten Luigi und Erik. „Das machen wir."
Nicht wissend, dass noch eine Maus, zwei Schlangen und ein Fisch in einer Flasche mit von der Partie sind.

Oni saß noch immer auf seinem Holzpfahl. „Schaut, dort sitzt ein Papagei mit rotem Schnabel, roten Füßen und Halskranz", sagte Luigi. „So einen haben wir doch schon mal irgendwo gesehen." Es fiel ihm aber nicht ein, wo das gewesen war.
„Den könnten wir doch auch mitnehmen.
Das wäre die außergewöhnlichste Reise, die wir je hatten."
„Ja, aber fang den erst mal ein", sagte Erik lachend.

„Hör mal, Oni", sagte Luma, „komm doch mit uns mit nach Tansania. Wir sind doch jetzt Freunde. Vielleicht lebt Cilli ja jetzt dort." Ima, Kasimir und alle anderen waren begeistert. „Ja", riefen sie einstimmig, „komm doch mit. Es wird dir bei uns gefallen."

Pat öffnete die große Luke ihres Forscherschiffes und versuchte, mit köstlichen Bananen, die Elefanten an Bord zu locken. Er war sehr überrascht, dass diese so freiwillig mitgingen. „Super, schaut mal", rief er den anderen beiden zu, „ich hätte nicht gedacht, dass das so einfach geht."

ALBATROS

Oni war ganz entsetzt, als er sah, wie diese auf das Schiff gebracht wurden. Er hatte furchtbare Angst, dass nun auch die Freunde verschwinden könnten. Schnell flog er ihnen nach und setzte sich auf Kasimirs Rücken. Die Forscher waren erstaunt und sehr begeistert, dass auch der Papagei so einfach mitkam.

Ima, Kasimir und alle anderen freuten sich sehr, dass diese netten Menschen sie nach Hause brachten. Sie wussten zwar nicht, warum sie ihren Wunsch gehört hatten, aber egal. Hauptsache am Schiff, in Richtung Heimat. Sie machten es sich bequem an Bord. Sie konnten es kaum erwarten, dass es losging. Dann hörten sie endlich den lauten Ton und das Schiff begann sich zu bewegen.

24 Nicht ahnend, dass es in die falsche Richtung ging.

Die Forscher waren sehr lieb zu ihren Passagieren und gaben ihnen zu essen und trinken.
Am nächsten Morgen gingen Luma und Oni an Deck und schauten glücklich auf das Meer. „Schon komisch", meinte Luma, „warum geht die Sonne auf meiner linken Schulter auf, wie beim letzten Mal. Wenn wir zurückfahren, müsste ich doch auf der anderen Schulter warm spüren. Schon komisch."

Oni sagte fröstelnd: „Es ist aber ziemlich kühl in Richtung Tansania. Mir kommt vor, es wird immer kühler, komisch."

Auch Luma fröstelte. Beide hatten Gänsehaut.

Sie gingen wieder hinunter und erzählten es den anderen.

„Komisch", sagten auch die Elefanten.

„Warten wir doch mal ab, noch sind wir ja nicht zu Hause. Es wird schon wieder wärmer werden", sagten Fallou und Taja unsicher.

Nach ziemlich langer Zeit ruckelte das Schiff. Es legte an.

Die Elefanten gingen an Deck, und was sie da sahen, ließ sie erstarren. Sie dachten, das kann nicht wahr sein, das musste ein schlechter Traum sein. Das war ja furchtbar.

Es war eiskalt. So weit sie sehen konnten, nur Eis und Schnee.

Keine Bananen, keine Orangen, kein Sandstrand, kein Gras und keine Sträucher.

Alles war weiß und ihr heiß geliebtes Meer war zugedeckt mit einer glänzenden Decke.

„Was ist das denn?!", stotterte Luma zitternd. Entsetzt und fassungslos starrten alle 7 die Eisberge an. M-papee geriet in Panik. „Was geschieht mit mir, wenn mein Meerwasser auch so eine glänzende Decke wird?", schluchzte er. Ima versicherte ihm, dass sie ihn nie, niemals aus ihrem Maul nehmen wird.

Kasimir und die Schlangen fingen zu weinen an.

Die Forscher brachten die Tiere vom Schiff und versorgten sie mit warmer Kleidung und Futter. Dann schloss sich die Luke.

26 Ima, Luma und Oni berieten, was zu tun war.

Sie teilten den Platz unter den warmen Mützen der Elefanten ein. Luma und Oni bei Ima. Fallou und Taja bei Kasimir. M-papee abwechselnd im Maul von Ima oder Kasimir. Sie stellten sich eng zusammen, um sich gegenseitig zu wärmen. Auch wenn es so eisig kalt war. Oni musste kurz hochfliegen und Ausschau halten. Vielleicht geschah ein Wunder und hinter diesem Eisberg gab es einen Strand, Gras, Orangen, Bananen, und die Sonne schien warm.

Fast eingefroren kam Oni zurück. Schnell verschwand er unter der Mütze. „Ihr glaubt nicht, was ich gesehen habe", stammelte er erfroren und sah erwartungsvoll in die Runde. Niemand hatte eine Idee, aber alle hofften auf die erwünschte Antwort, dass es dort hinten schön warm war.

„Dort hinten sind ganz viele, sehr lustige Figuren zu sehen. Sie sind schwarz, weiß angezogen. Sie watscheln dahin und schnattern."

Er lachte, dass ihm die Tränen kamen. „Die sehen aus wie riesige Vögel, die gehen, aber nicht fliegen können. Und diese Flügel … so klein und komisch … das sind doch keine Flügel. Ha, ha, ha", lachte er weiter.
Alle sahen Oni ungläubig an. „Er hat Einbildungen. Armer Oni", flüsterten Fallou und Taja. „Wir müssen auf ihn achten. Vielleicht kommt das von der Kälte."
Da hörte Luma ein Wimmern, ganz leise. Es kam aus dem kleinen Schneeberg, weiter vorn. „Seid doch mal leise", ermahnte sie ihre Freunde. „Hört ihr das auch, das pieps, pieps?"

Ima, Kasimir und der wieder aufgewärmte Oni hörten das Piepsen jetzt auch, ganz leise.

Sie gingen in die Richtung, aus der das Wimmern kam. Ein kleines graues Schnäbelchen schaute aus dem Schnee heraus.

Luma schob schnell, im eisigen Schnee kniend, den Schnee beiseite. Da lag ein kleines, flauschiges Tierchen. So eines, wie Oni ihnen beschrieben hatte. Aber dieses war noch ein Baby, ganz klein und zart. Es wimmerte. Sie schämten sich ein wenig, dass sie Oni nicht geglaubt hatten.

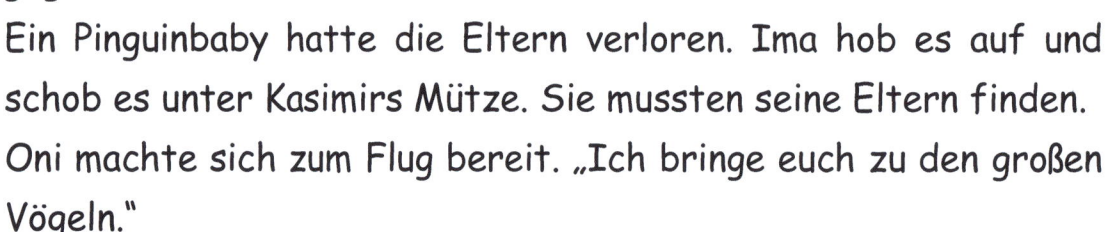

Ein Pinguinbaby hatte die Eltern verloren. Ima hob es auf und schob es unter Kasimirs Mütze. Sie mussten seine Eltern finden.

Oni machte sich zum Flug bereit. „Ich bringe euch zu den großen Vögeln."

Hinter dem Eisberg waren wirklich viele dieser Tiere. Alle sahen gleich aus.

Als sie die Elefanten kommen sahen, watschelten sie, so schnell sie konnten, in alle Richtungen davon. Laut schnatternd.

Sie hatten Angst vor diesen grauen, riesigen Tieren. „Wo nur kommen diese Fremden her?", schnatterten sie aufgeregt durcheinander.

Kasimir streckte seinen Rüssel, trotz Eiseskälte, wie eine Trompete nach oben und rief ihnen zu: „Ihr braucht euch nicht zu fürchten. Wir sind Freunde aus einem anderen Land. Wir haben eines eurer Babys gefunden. Wir suchen die Eltern."

Die Pinguine blieben nach und nach stehen und warteten. Ima, Luma und Oni gingen zu ihnen und befragten einen nach dem anderen. Aber alle schüttelten den Kopf. Niemand vermisste sein Baby.

Die Freunde nannten das Baby Jeremy. Es war so klein und zerbrechlich. Es musste etwas essen. Aber was?

Ima sah, wie ein Pinguin aus dem Meer herausschnellte, mit einem Fisch im Schnabel. „Ohhhh", dachte sie. „Ein Fischlein, das probiere ich auch. Das darf M-papee nicht sehen." Sie übergab die Flasche an Kasimir.
Ima suchte nach einem Loch im Eis und ja, ganz in der Nähe war eines. Sie steckte ihren Rüssel in das eiskalte Wasser, und zack, hatte sie einen kleinen Fisch gefangen, für Jeremy.

Die Nacht kam, sie kuschelten sich eng zusammen. Jetzt mal schlafen. Ima tröstete den kleinen Jeremy. „Morgen finden wir ganz bestimmt deine Mama und deinen Papa. Jetzt schlaf mal, kleiner Jeremy.

Da kam Tajas Kopf unter Kasimirs Mütze hervor. „Ima, Ima", rief sie erstaunt. „Der Jeremy hat einen herzförmigen gelben Fleck auf seiner Brust. Die anderen dieser komischen Vögel haben den Fleck nicht. Ich habe das genau gesehen."

„Super", sagte Ima, „jetzt wissen wir, nach welchem Vogel wir suchen müssen. Einer seiner Eltern muss einen gelben, herzförmigen Fleck auf der Brust haben." Sie freuten sich auf den nächsten Tag.

30

Am nächsten Morgen waren alle Pinguine weg, kein einziger mehr zu sehen. Die Freunde waren entsetzt und enttäuscht. Nur die Spuren der Pinguine waren noch zu sehen. Dann kam plötzlich ein Schneesturm auf. Der Schnee wurde durcheinandergewirbelt und eisiger, starker Wind wehte. Der Wind war furchtbar. Er wehte den Schnee in den Rüssel, in die Augen und Ohren von Ima und Kasimir. Bis in den Mund hinein wehte der eisige Wind. M-papees Wasser begann fast zu frieren. Sie stellten sich so eng wie möglich zusammen und rollten ihre Rüssel ein, um sie zu schützen.

Als der Schneesturm vorbei war und sie wieder die Augen öffnen konnten, waren alle Spuren verwischt. Sie wussten nicht mal mehr, in welche Richtung die komischen Tiere gegangen sind.

Oni flog kurz hoch, doch keine einzige
Spur war zu sehen.

Sie gingen einfach weiter. Irgendwo musste doch wieder so ein
schwarzweißer Vogel zu sehen sein. Es gab ja so viele von ihnen.

Weiter und weiter stapften sie schweigend dahin. Fallou und
Taja spielten mit Jeremy unter der Mütze von Kasimir. Luma und
Oni spähten unter der Mütze von Ima hervor und suchten das
Land ab.

An diesem Tag war es klirrend kalt, aber die Sonne blitzte vom
tiefblauen Himmel.

„In all dem grellen Weiß rundherum tun einem ja die Augen weh",
jammerte Oni. „Jetzt bilde ich mir schon ein, dass da vorn, ganz
vorn, schwarze Punkte zu sehen sind. Ich glaube, meine Augen
sehen Dinge, die gar nicht da sind", jammerte er weiter. Fliegen
konnte er bei dieser klirrenden Kälte nicht mehr. Er würde
sofort einfrieren.

Da jubelte Luma plötzlich: „Oni, deine Augen sehen richtig, ich
sehe sie jetzt auch. Ganz viele schwarze Punkte. Entweder sind
meine Augen auch krank oder da sind die Vögel. Ima und Kasimir,
schnell, lauft schnell", feuerte Luma die Elefanten an. „Nicht,
dass sie wieder verschwinden."

Dort, wo das Meer nicht so breit war, gab es viele Fische. Die
Pinguine kamen immer hierher, damit alle genug zu essen hatten.

Ima, Luma und Oni fingen wieder an, die Pinguine zu befragen.
Diesmal fragten sie nach einem Pinguin mit einem gelben,
herzförmigen Fleck auf der Brust.

Aber alle schüttelten den Kopf oder
liefen davon.

Enttäuscht über ihren Misserfolg hatten sie Tränen in den Augen. Der arme Jeremy. Er tat ihnen so leid.

Da watschelte ein aufgeregt schnatternder Pinguin zu ihnen.

Es stotterte vor lauter Aufregung. „Ich ha, ha, habe einen Pinguin gesehen, aus dem Meer kommend, mit ein, ein, einem Fisch im Schnabel. Er ha, ha, hat diesen Fleck auf der Brust. Ganz vorn am Wass, Wass, Wasser."

Sie folgten dem stotternden Pinguin zu dem Platz. Auch dort unzählige schwarzweiße, schnatternde, watschelnde Vögel.

Ganz am Rand standen zwei traurig aussehende Pinguine. Mit hängenden Köpfen. Einer hatte diesen Fleck auf der Brust. Als die zwei Pinguine die riesigen, fremden Tiere kommen sahen, watschelten auch sie entsetzt davon. Laut schnatternd und so schnell sie konnten.

Da rutschte Luma in Windeseile den Rüssel von Ima hinunter in den Schnee und sauste ihnen mit eisigen Füßchen hinterher. „Halt, stopp, bleibt stehen! Wir haben euer Baby gefunden. Es hat einen gelben, herzförmigen Fleck auf der Brust", rief Luma so laut sie konnte. Abrupt blieben die beiden stehen und sahen Luma erstaunt an. Auch so eine Maus hatten sie noch nie gesehen.

Aber sie hatten wirklich ihr Baby in einem Schneesturm verloren. „Wir haben überall gesucht, aber wir haben unser kleines Baby nicht mehr gefunden. Wir haben gedacht, es ist in ein Loch im Eis gefallen und verschwunden", erzählten sie Luma aufgeregt.

Ima holte das Pinguinbaby unter der Mütze von Kasimir hervor und überreichte es den Eltern. Die Freude war riesengroß. Sie umarmten ihr Kleines und weinten vor Freude. „Wie können wir euch nur danken?", fragten sie.

„Vielleicht wisst ihr, wo wir so ein großes Schiff finden können? Eines, das uns nach Hause bringen kann", fragte Luma.

„Gibt es hier irgendwo einen Platz, wo diese Schiffe anlegen?"

„Aber ja", sagten die beiden zugleich. „Wenn ihr dem Meer entlang in diese Richtung geht, kommt ihr zu einem hohen, steilen Eisberg.

Dahinter liegt immer wieder so ein Forscherschiff. Dort steht auch ein rotes Haus. Ihr könnt es nicht übersehen."

Dankbar verabschiedeten sich die Freunde. Oni flog voraus und tatsächlich, er fand den hohen, steilen Eisberg. Dort stand auch das Haus. Daneben im Wasser lag das weiße Forscherschiff.

Der laute Ton kündigte gerade die Abfahrt an. Da flog Oni so schnell er nur konnte auf das Schiff zu und landete auf der Schulter von Luigi.

Der zuckte zusammen vor lauter Schreck, doch dann sah er den Papagei. Erstaunt sah er erst ihn an, dann sah er die Elefanten auf sie zulaufen.

„He, Kumpels, wartet noch mit der Abfahrt, unsere Elefanten sind da!", rief er aufgeregt Erik und Pat zu.

„Sie haben das Abenteuer geschafft."

Sie stoppten die Maschinen und öffneten die große Luke.

Ima und Kasimir, mit allen anderen unter den Mützen, stürmten durch die Luke in das Schiff.

„Hier gehen wir nicht mehr weg", sagte Ima. „Da müssten sie uns hinaustragen. Und das werden sie nicht schaffen. Gott sei Dank sind wir Elefanten."

Aber die Forscher freuten sich sehr über die Wiederkehr der Tiere. Sie waren schon auf der Suche nach ihnen. Jetzt waren sie froh und erleichtert, dass sie sie gefunden haben.

„Jetzt können wir ablegen", sagte Luigi zufrieden und lachend. Der Weg nach Südamerika ist weit.

Als Luma und Oni am nächsten Morgen an Deck saßen, ging die Sonne auf der rechten Schulter auf. Sie waren so glücklich.

Da sagte Luma: „Irgendwann werden wir wieder nach Hause kommen. An unseren Strand in Tansania. Weil wir fahren in die richtige Richtung."

VIEL VERGNÜGEN BEIM AUSMALEN

Weißt du noch die Namen der Tiere?

Schau dir die Zahlen genau an und fülle dann die leeren Felder aus.

Weißt du noch???...........................

Wie heißt das Land, in dem Luma und ihre Freunde leben?

....

Welche Früchte wachsen in Afrika?

....

Was ist mit M-papee geschehen?

....

Was haben seine Freunde daraufhin getan?

....

Wo haben sich Luma, Fallou und Taja versteckt, um auf das
Schiff zu kommen?

....

Warum hat der Matrose Ima und Kasimir auf das Schiff geholt?

....

Was mussten Ima und Kasimir auf dem Schiff machen?

....

Wo haben die Freunde M-papee wieder gefunden?

....

Wo hat Ima die Flasche mit M-papee versteckt?

....

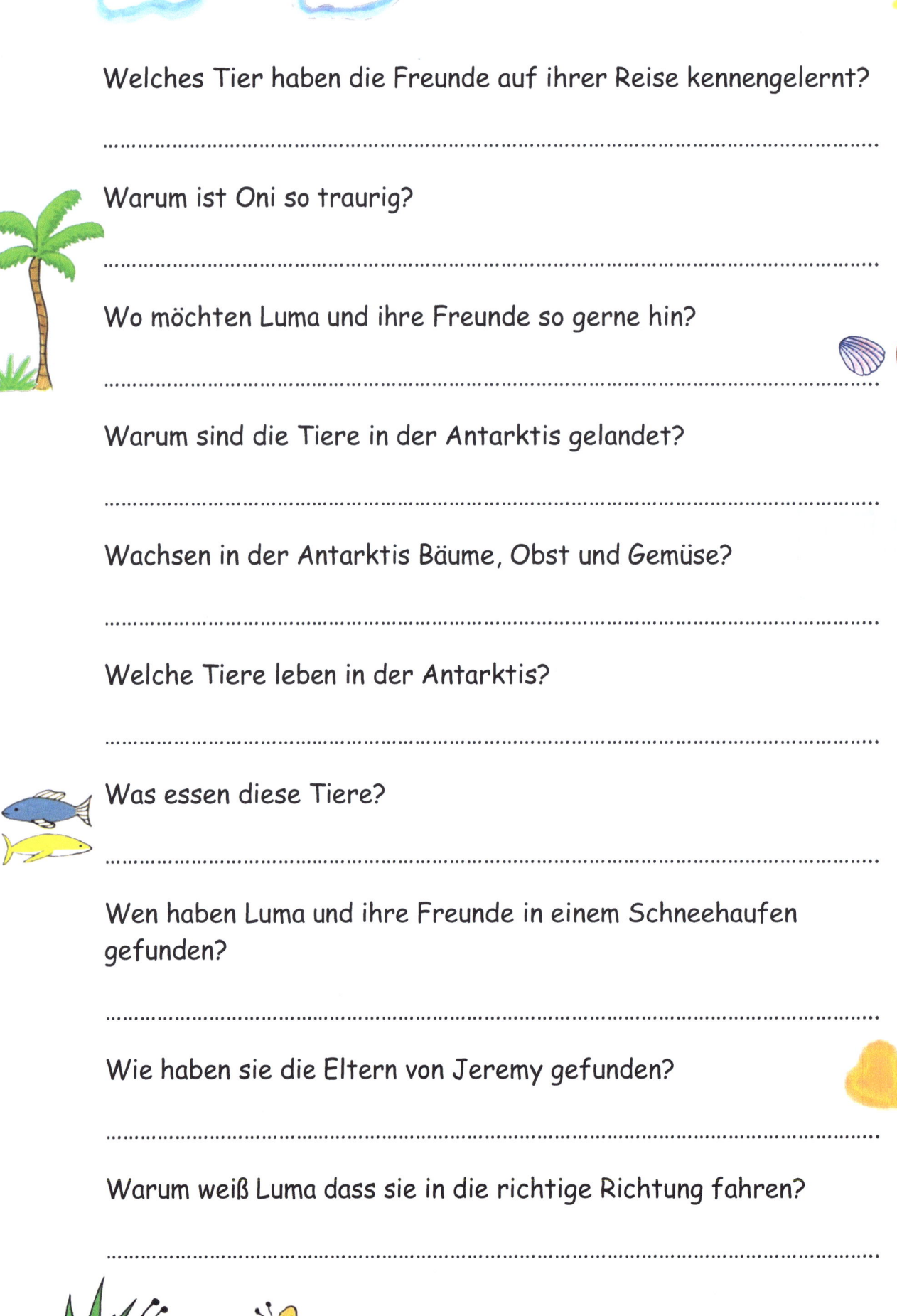

Welches Tier haben die Freunde auf ihrer Reise kennengelernt?

....

Warum ist Oni so traurig?

....

Wo möchten Luma und ihre Freunde so gerne hin?

....

Warum sind die Tiere in der Antarktis gelandet?

....

Wachsen in der Antarktis Bäume, Obst und Gemüse?

....

Welche Tiere leben in der Antarktis?

....

Was essen diese Tiere?

....

Wen haben Luma und ihre Freunde in einem Schneehaufen
gefunden?

....

Wie haben sie die Eltern von Jeremy gefunden?

....

Warum weiß Luma dass sie in die richtige Richtung fahren?

....